Die wichtigsten 13 Geld-Tipps
für Senioren

*„Lieber eine Stunde über Geld nachdenken,
als eine Stunde für Geld arbeiten.“*

(John D. Rockefeller)

Markus Leyacker-Schatzl

Die wichtigsten 13 Geld-Tipps
für Senioren

lgv

Nähere Informationen:
www.finanz-strategie.at

FACEBOOK:
www.facebook.com/finanzielle.freiheit
www.facebook.com/geldschule

YouTube:
www.youtube.com/FinanzielleFreiheit
www.youtube.com/geldunterricht

Markus Leyacker-Schatzl
Die wichtigsten 13 Geld-Tipps für Senioren

Lebensgeschenke-Verlag, Graz
ISBN: 978-3-902689-40-5

Foto des Autors (Umschlag): www.martinwiesner.at

© 2016 Lebensgeschenke-Verlag
www.lebensgeschenke-verlag.com

Inhalt

Vorwort

Lieber „reich und gesund" statt „arm und krank"!

Zahlreiche Studien belegen es eindeutig!
Reiche Menschen leben länger und gesünder!

Geldsorgen bereiten schlaflose Nächte und verursachen Angst und Stress.
Sorgen und Ängste machen krank.

Finanziell gut abgesichert zu sein, bedeutet:
1. genügend finanzielle Mittel für gesunde Ernährung
2. beste medizinische Versorgung
3. Geld für Reisen, Hobbys und Dinge die Spaß machen

… wichtige Faktoren für ein langes, gesundes und glückliches Leben.

„Geld ist geprägte Freiheit"
(Fjodor M. Dostojewskij)

Geld zeigt den Charakter

Das Sprichwort „Geld verdirbt den Charakter" ist eine hartnäckige und vor allem falsche mentale Programmierung, die uns davon abhält, finanzielle Freiheit für uns und unsere Lieben zu erreichen, zu genießen und Geld als Energie einzusetzen, die Positives und Werthaltiges für uns und unsere Welt schafft.
Ich bin 100% davon überzeugt:
Wer mit wenig Geld ein Knauser ist, wird auch mit viel Geld ein Geizkragen sein.
Wer schon mit wenig Geld großzügig ist, wird mit viel Geld noch viel mehr Gutes tun. Denken Sie z.B. an Karl-Heinz Böhm: Er hätte sich als Millionär zur Ruhe setzen können, aber er gründete „Menschen für Menschen" und widmete sein Leben dem Dienst an Menschen. Es gibt viele Beispiele wie ihn.

Geld ist wie eine Lupe und zeigt den Charakter und die Werte der Menschen deutlich. Je mehr Geld, desto größer die „Lupe"...

Es gibt wichtigeres als Geld

Geld ist nicht wichtig, wichtig ist, was ich damit mache!

Gesundheit, Liebe, Familie & Freunde, Sicherheit, Spiritualität, Zeit für persönliche Hobbys und Interessen... all das ist wichtiger als Geld.

Und genau deshalb verdienen Sie und Ihre Familie finanzielle Unabhängigkeit.

Weil Geld an sich keinen Wert besitzt, aber die Dinge fördert und unterstützt, die Ihnen wirklich wichtig sind: Gesundheit, Zeit mit der Familie, hochwertige Lebensmittel, die Ausbildung Ihrer Enkel... als das ist einfach leichter zu realisieren, wenn genügend Geld da ist.

Dieses Büchlein soll bewirken:

1. Dass Sie mehr Spaß & Interesse am Thema Geld entwickeln.
2. Sie Verantwortung für Ihre Finanzen übernehmen und ab heute aktiv dafür arbeiten, Ihre finanzielle Situation zu verbessern.

Jeder der folgenden Geld-Tipps unterstützt Sie dabei – ob Sie dieses Büchlein nach dem Lesen im Regal verstauben lassen, oder damit aktiv werden, liegt bei Ihnen.

Ich wünsche Ihnen Reichtum & Freiheit – finanziell und im Herzen!

Ihr

Markus Levacker-Schatzl

TIPP 1:

„Finanzieller Schutz"

*„Geld verdirbt nur den Charakter der Menschen,
die zuvor schon keinen hatten."*

(K. Walter)

Fühlen Sie sich finanziell beschützt?
Was wäre, wenn morgen die Waschmaschine ihren Dienst quittiert oder Ihr Auto den Geist aufgibt? Oder eine medizinische Behandlung notwendig ist, die etwas mehr Geld kostet?

Würden Sie sich...
Sorgen machen und Ihr Girokonto überziehen müssen? Schlaflose Nächte haben, weil Sie nicht wissen, wie Sie diese ungeplante finanzielle Herausforderung meistern sollen?

Oder könnten Sie...
auf ausreichende Rücklagen zugreifen und die notwendigen Ausgaben tätigen?
Vielleicht sogar (endlich) die bessere, energiesparende Waschmaschine kaufen, oder das bequemere Auto?

Mit „ausreichenden Rücklagen" ist Geld gemeint, auf das Sie jederzeit und flexibel zugreifen können, ohne dadurch Kosten (Gebühren) zu verursachen.

Meine persönliche Empfehlung für „ausreichend" bedeutet, verfügbare Ersparnisse in Höhe Ihres Jahres-Pensions-Einkommens.
D.h. Ihre mtl. Pension mit 12 multipliziert.

Für meinen „Finanziellen Schutz" benötige ich _____ Euro.

Es wäre ideal, wenn Sie diese Summe bereits besitzen! Sollte das (noch) nicht der Fall sein: Sparen Sie nun so schnell als möglich diesen Geldbetrag an, damit Sie ausreichend Rück-

lagen haben. Sollte dieser hier errechnete Betrag (aus welchen Gründen auch immer) nicht erreichbar sein, geben Sie Ihr Bestes, um dem Ziel so nah als möglich zu kommen.
Tipp 5 wird Ihnen ein paar gute Tipps geben, wie Sie ein Zusatzeinkommen erzielen können, das Sie auch auf dem Weg zu Ihrem „Finanziellen Schutz" unterstützt.

Sie können diesen Betrag nun auf einem eigenen Konto oder Sparbuch parken oder Sie machen es wie die Millionäre:
Kaufen Sie sich einen Safe, in den Sie das Geld legen. Natürlich bekommen Sie dann für dieses Geld keine Zinsen, aber dafür sind Sie von keiner Bank abhängig und bekommen ein „Gefühl" für Reichtum. So eine Summe in bar zu besitzen, anzusehen und in Händen halten zu können „wirkt" emotional viel stärker als der eher nüchterne Blick auf einen Kontoauszug. Probieren Sie es einfach aus und genießen Sie den Anblick Ihres Geldes und den Schutz, den es Ihnen gibt.

TIPP 2:

„Wie gehe ich mit Schulden um?"

„Alles, was uns wirklich nützt, ist für wenig Geld zu haben.
Nur das Überflüssige kostet viel."

(Axel Munthe)

In der Zeit des Erwerbslebens vor der Pension ist es natürlich „einfacher" Schulden zu tilgen, als in der Pension. Das Erwerbseinkommen ist meist spürbar höher als die Pension – Kreditraten sind folglich leichter leistbar. Und Banken sind, was Kredite und Schulden betrifft, gegenüber Erwerbstätigen entgegenkommender und „kundenfreundlicher" als gegenüber Senioren.

Wenn Sie Ihren Pensionsantritt mit einem „Schulden-Rucksack" getan haben, dann gilt es mit dieser Herausforderung gut überlegt und strategisch richtig umzugehen und diese zu meistern.

Sollten Sie plötzlich einen größeren Geldbedarf haben (Haus-Renovierung, Pflegekosten, etc.), der ihre aktuelle Finanzkraft übersteigt, dann wird Ihnen Tipp 6 dazu konkrete Praxis-Tipps geben.

In diesem Kapitel geht es um bestehende Kredite und Verbindlichkeiten, deren Rückzahlung Sie sich monatlich (mehr oder weniger leicht) leisten können.

Grundsätzlich unterscheiden wir zwei Arten von Schulden: Konsumschulden und Hypotheken.

Konsumschulden

Z.B. Autokauf, Versandhaus, Ratenzahlungen für Möbel oder Flatscreen, etc.
Diese Art von Schulden ist auf jeden Fall zu vermeiden.

Einerseits verursachen sie meist hohe Kosten (Spesen, Zinsen und Gebühren), andererseits untergraben sie damit Ihren finanziellen Selbstwert.

Sie geben Geld aus, das Ihnen noch gar nicht gehört und belasten mit den Schulden Ihre Zukunft. Außerdem fühlen Sie sich miserabel, wenn Sie sich Dinge gönnen, die Sie sich eigentlich nicht leisten können und sich damit „auf Pump" Konsum „schenken", anstatt sich für wirkliche Erfolge (Zusatzeinkommen / Sparziele) zu belohnen.

Welches Motiv haben Sie dann für besondere Anstrengungen, wenn Sie sich bereits alles vorher gegönnt haben?

Hypothekarkredite

Z.B. für den Kauf eines eigenen Hauses oder Zinshauses, oder eine geschäftliche Investition.

Hier steht den Schulden immer ein Wert gegenüber (Ihr Haus, Ihre Firma, etc.).

Diese Art der Schulden kann durchaus Sinn gemacht haben und sich rechnen.

Konsumschulden tilgen, so schnell als möglich, aber nicht um jeden Preis.

Neben dem Abbau Ihrer Konsumschulden muss es immer möglich sein, zu sparen und Vermögen aufzubauen. Einerseits, damit Sie Ihren „Finanziellen Schutz" schneller erreichen und andererseits aus psychologischen Gründen.

Wenn Sie z.B. Konsumschulden in Höhe von € 5.000.– haben (mit geringen Raten, die bald alle getilgt sind), und daneben € 5.000.– Vermögen, (das Ihnen gute Zinsen bringt) fühlen Sie sich besser (weil Sie Reserven haben). Würden Sie stattdessen mit Ihrer Reserve sofort alle Schulden tilgen, hätten Sie gar nichts mehr und wären ohne Reserve bei jeder Kleinigkeit (z.B. kaputtes Auto) sofort wieder in finanziellen Schwierigkeiten.

TIPP 3:

„Weniger Geld ausgeben"

„Manche Leute geben Geld aus, das sie nicht haben,
für Dinge, die sie nicht brauchen,
um damit Leuten zu imponieren, die sie nicht mögen."

(unbekannt)

Hier gibt es viele – sehr wirksame – Möglichkeiten, bei denen sich auch sehr schnell zeigt, ob es Ihnen ernst ist, finanziell frei zu werden oder ob Sie zu bequem dazu sind.

Praxis-Tipp 1

Überweisen Sie mittels Dauerauftrag jeden Monatsbeginn 10% von Ihrem Girokonto auf Ihr Sparkonto. Sie werden mit den restlichen 90% genauso gut auskommen und geben trotzdem automatisch weniger aus.

Praxis-Tipp 2

Kündigen Sie Ihre Kreditkarte und lassen Sie Ihre Bankomatkarte zu Hause.
Bezahlen Sie ab sofort alles bar anstatt mit „Plastikgeld"!
Was für Sie vielleicht steinzeitlich klingt, ist in Wahrheit eine der wirksamsten Maßnahmen, weniger Geld auszugeben. Mit Karte zu bezahlen, fällt uns psychologisch wesentlich leichter als Bargeld herzugeben (i.S.v. von ausgeben).
Deshalb sind Bargeldzahler automatisch sparsamer.

Praxis-Tipp 3

Wenn Sie etwas sehen, was Sie sich unbedingt kaufen möchten – egal ob Kleidung, Unterhaltungselektronik, etc. – warten Sie 72 Stunden damit.

Ja, stellen Sie es zurück ins Regal und sagen Sie sich „Wenn es mir wirklich so wichtig ist, komme ich in 3 Tagen wieder und kaufe es dann."

Sie werden staunen, wie wirksam das ist – es ist unglaublich, wie viele scheinbar „wichtige" Käufe wir nur tätigen, weil wir damit ein akutes emotionales Bedürfnis befriedigen wollen. Dieses ist in 90% der Fälle in spätestens 3 Tagen verschwunden, und Sie werden das Objekt Ihrer Begierde nicht mehr kaufen wollen – und es auch garantiert nicht vermissen!

Praxis-Tipp 4

Sollten Sie Raucher sein: Hören Sie damit auf! Nicht nur Ihrer Gesundheit und Ihren Mitmenschen zuliebe, sondern auch Ihrer „Finanziellen Freiheit" zuliebe.

Die tägliche Schachtel Zigaretten kostet Sie über die Jahre ein echtes Vermögen!

Praxis-Tipp 5

Führen Sie ein Haushaltsbuch! Dafür gibt es auch praktische und günstige Software (z.B. das „WISO Haushaltsbuch") – damit bekommen Sie mehr Überblick, Transparenz und auch Disziplin im täglichen Umgang mit Ihrem Geld. Oder Sie verwenden ein Notizbuch. Beginnen Sie noch heute mit Ihrem Haushaltsbuch und hören Sie NIEMALS damit auf!

TIPP 4:

„Welche Versicherungen sind wichtig?"

*„Es ist besser, eine Versicherung zu haben und nicht zu brauchen,
als eine Versicherung zu brauchen und nicht zu haben."*

(Weisheit der Versicherungswirtschaft)

Wer kennt nicht jemanden, der heillos überversichert ist? Grundsätzlich wünsche ich jedem Versicherten, dass er für seine Verträge umsonst bezahlt – also nie eine Leistung benötigt. Manche regen sich zwar auf nach dem Motto „Ich zahle schon seit vielen Jahren, aber habe noch nie was gebraucht!". Genau darum geht es. Versicherungen bezahlt man, mit dem Ziel, sie nie zu brauchen, denn jeder Schadensfall (Unfall, Einbruch, etc.) ist ja nicht nur mit einer Versicherungsleistung sondern auch mit den zahllosen unangenehmen Dingen verbunden, die ein Unfall oder z.B. ein Einbruch mit sich bringen.

Aber welche Versicherungen sind nun wichtig, und welche nicht?
Diese Frage kann ich an dieser Stelle natürlich nicht zu 100% allgemeingültig beantworten, kann aber natürlich ein paar grobe, konkrete Tipps geben.

Wir unterscheiden „Sachversicherungen" und „Personenversicherungen".

Sachversicherungen

Auf jeden Fall sollten ihre größten finanziellen Werte versichert sein. Stellen Sie sich die Frage, den Verlust welcher Dinge könnten Sie selbst leicht ersetzen? Welchen nicht?
Ein gestohlenes Fahrrad wahrscheinlich schon.
Eine ausgebrannte Wohnung wahrscheinlich nicht. Unbedingt sollten Sie Ihre Immobile(n) versichern. Wenn Sie in einer

Wohnung leben (egal ob Miete oder Eigentum), dann ist eine **„Haushaltsversicherung"** (früher auch „Hausrats-Versicherung" genannt) unbedingt notwendig. Diese versichert den gesamten Wohnungsinhalt gegen Schäden durch Feuer, Wasser, Einbruch, Sturm, …. (und vieles mehr). UND auch den Bereich „private Haftpflicht". (in Ö. automatisch, in D. optional) Damit sind alle Schäden gemeint, die Sie jemandem „antun", egal ob Sie beim Fahrradfahren stürzen und jemanden verletzen, mit dem Einkaufswagen ein Auto beschädigen, o.ä.

Wenn Sie ein Haus (oder mehrere) besitzen, dann sollten Sie für diese eine **„Gebäudeversicherung"** abschließen, die das Gebäude an sich versichert, für den Fall von Schäden durch Feuer, Wasser, Sturm, etc.

Personenversicherungen

Sie dienen grundsätzlich dem Zweck, die finanziellen Folgen von „Schäden" an der Person zu bezahlen. Hier ein grober (leicht vereinfachter Überblick):

Eine **„Unfallversicherung"** zahlt, wenn ein Unfall eine bleibende Beeinträchtigung nach sich zieht – theoretisch kann mit der Versicherungsleistung ein Umbau oder Treppenlift finanziert werden. Eine **„Krankenzusatz-Versicherung"** kann z.B. einen Krankenhausaufenthalt in der Sonderklasse oder in einer Privatklinik bezahlen. Alternativ bietet sie auch Tarife an, die Privatarzt-Kosten, Heilbehelfe etc. übernehmen. Eine **„Pflegekosten-Versicherung"** bietet gestaffelte Tarife an, wo in Relation zur Versicherungsprämie im Pflegefall ein mtl. Pflegekosten-Zuschuss ausbezahlt wird.

Generell gilt:
1. Personen-Versicherungen sind umso günstiger abschließbar, je jünger man ist.
2. Es bedarf guter Beratung durch einen unabhängigen Versicherungsmakler. (Gerne stehen wir Ihnen auch für Ihre Fragen zu Verfügung. Kontaktdaten finden Sie am Ende dieses Buches.)

TIPP 5:
„Wie kann ich ein Zusatzeinkommen erzielen?"

*„Dem Geld darf man nicht nachlaufen,
man muss ihm entgegengehen."*

(Aristoteles Onassis)

Die meisten Berufstätigen können relativ einfach durch Überstunden ihr Einkommen erhöhen.

Nach Pensionseintritt ein Zusatzeinkommen zu erzielen, wird auch nach anderen Rahmenbedingungen definiert sein als für Jüngere.

Selbstvertrauen und Chancendenken.
Die wichtigste Grundlage für ein attraktives Zusatzeinkommen ist, dass Sie sich bewusst sind, welchen „Wert" Sie zu bieten (zu „verkaufen") haben:
Berufliche Erfahrung, Wissen in bestimmten Themengebieten, spezielle Interessen.
„Attraktives" Zusatzeinkommen definiert sich in der Pension natürlich anders als für Studenten. Für Studenten mag es „attraktiv" sein, 4 Wochen im brütend heißen Sommer-Tourismus bis zur Erschöpfung zu arbeiten und dabei zweitausend Euro zu verdienen. Für Sie wird es „attraktiv" sein, mit Tätigkeiten, die Ihnen Freude machen, zu Tageszeiten, die Ihnen angenehm sind, nachhaltig monatlich ein paar hundert Euro dazu zu verdienen und dabei Spaß zu haben.

Erfolge, Fähigkeiten, Talente und Hobbys:
Nehmen Sie ein Blatt Papier und notieren Sie:
1. Ihre größten Lebenserfolge – beruflich und privat
2. Welche Ausbildungen haben Sie absolviert?

3. In welchen Gebieten haben Sie Expertenwissen(egal ob in einem Beruf, oder in einem Hobby wie Briefmarken, Münzen, Modelleisenbahnen, Golf, etc.)?
4. Welche besonderen Talente haben Sie (Musikinstrument, u.v.m.)?
5. Welche Hobbys üben Sie gerne aus?

Machen Sie diese Übung unbedingt schriftlich! Heben Sie diese Notizen gut auf und ergänzen Sie diese Liste ggf.
Was können Sie nun konkret in Ihrer persönlichen Situation tun, um zusätzliche Einkommensquellen zu erschließen?

Dafür gibt es mehrere gute Möglichkeiten:
1. Überlegen Sie, wie Sie mit Dingen, die Ihnen Spaß machen, leichtes Geld verdienen können. Z.B. wenn Sie gerne und gut Golf spielen, können Sie Golfstunden geben. Wenn Sie gerne

mit Hunden spazieren gehen, gibt es vielleicht Nachbarn, die gerne dafür bezahlen, dass Sie ihren Hund ausführen.

2. Welches „Expertenwissen" könnten Sie „verkaufen"? Egal es Wissen und Erfahrung aus Ihrer beruflichen Laufbahn sind, oder ein Hobby, das Sie zur „Meisterschaft" gebracht haben. Überlegen Sie sich, welches Unternehmen Sie als „Experte" buchen würde. Egal ob Unternehmen „Ihrer Branche" von früher von Ihrer Erfahrung profitieren möchten oder ob der Briefmarkenhändler im Ort (wenn z.B. Briefmarken Ihre Leidenschaft sind) sehr dankbar wäre, wenn Sie einmal in der Woche ein paar Stunden im Geschäft aushelfen und Kunden beraten. Fragen Sie auch Freunde, Ihre Kinder und Enkelkinder (die Sie gut kennen), ob diese eine Idee für Sie haben. (Mein Großvater z.B. als gelernter Kaufmann half mir im Studium mit seinem betriebswirtschaftlichem Wissen. Er erklärte es mir besser als jeder Professor! Er wäre z.B. ein perfekter „Coach für Studenten" (Lern-Coach) gewesen.

3. Network-Marketing (Empfehlungs-Marketing)
Manche Unternehmen wählen diese Form des Vertriebs ihrer Produkte. Dafür suchen sie „freie Mitarbeiter" jeden Alters, die für sie tätig werden – bei freier Zeiteinteilung und selbst gewähltem Stundenaufwand. Achtung! Es gilt genau zu unterscheiden zwischen unseriösen Unternehmen („Schneeball-System", Einstiegskosten, etc.) und etabliertem Network-Marketing Unternehmen, die langjährig (oft Jahrzehnte) am Markt sind, hochwertige Produkte zu fairen Preisen anbieten und ihre freien Mitarbeiter („Vertriebspartner") fair behandeln und bezahlen. Während weltweit tausende Menschen hauptberuflich für ein Network- Marketing-Unternehmen arbeiten, bietet sich diese Möglichkeit auch für junge Menschen und Senioren als Möglichkeit für ein Zusatzeinkommen an – bei flexibler Zeiteinteilung.

WENN zwei wichtige Voraussetzungen gegeben sind:

a) Sie sind kommunikativ und haben Spaß daran, anderen Menschen gute Produkte zu präsentieren und zu verkaufen.

b) Sie haben ein seriöses Unternehmen gefunden, mit dessen Produkten Sie sich identifizieren können und die Ihnen selbst gefallen.

(z.B. Naturkosmetik, Haushaltswaren, Gesundheitsprodukte, etc.)

(Auf Wunsch senden wir Ihnen gerne eine kleine Liste mit ausgewählten, renommierten Unternehmen zu, bitte senden Sie uns die „Info-Postkarte" zurück, die diesem Buch beiliegt.)

4. Wenn Sie einen Immobilienmakler oder Finanzberater kennen, dem Sie vertrauen, bitten Sie um ein Gespräch. Diese Berufsgruppen werden erfolgsabhängig bezahlt und sind immer offen für „Vorwerber", die sie weiter empfehlen und dadurch drei Dinge verbinden:

   a) anderen Menschen Zugang zu guter Beratung zu ermöglichen

   b) dem Berater ihres Vertrauens neue Kunden zu empfehlen

   c) selbst dafür bezahlt werden, dass Sie anderen Menschen helfen

TIPP 6:

„Ich benötige viel Geld bzw. einen Kredit – was tun?"

„Kredit ist ein Regenschirm, den man bei Sonnenschein bekommt, aber beim ersten Regentropfen zurückgeben muss."

(Lord Philip Dormer Chesterfield)

Ungeplante Ausgaben können die finanzielle Situation nicht nur belasten sondern möglicherweise ernsthafte Probleme mit sich bringen. Während eine Autoreparatur oder eine kaputte Waschmaschine zwar ärgerlich sind aber meistens leistbar sind, kann ein kaputtes Hausdach oder ein Pflegebedarf zur scheinbar unlösbaren Herausforderung werden.

Die Situation wird zusätzlich dadurch verschärft, dass Banken generell keine bzw. kaum Kredite an Senioren vergeben. Medien und Konsumentenschützer kritisieren das laufend, dennoch ist bei den meisten Banken eine Kreditzusage nicht nur an die „Rückführbarkeit" gebunden (ist die Rate monatlich gut leistbar), sondern auch an ein „aktives Erwerbseinkommen" (sprich nur für „Berufstätige").

Doch was tun, wenn plötzlich ein größerer Geldbedarf besteht? Ob Hausrenovierung, Dachsanierung, Treppenlift, Pflegekosten, etc. – unvermeidbare Ausgaben können richtig teuer werden. Nicht jeder kann das bar bezahlen, oder hat Kinder, die das so einfach „übernehmen" können bzw. wollen.

Es gibt seit 2015 eine Finanzierungsmöglichkeit für jeden Immobilienbesitzer – egal ob berufstätig oder bereits in Pension. Was bringt mir ein Haus mit schönem Garten, wenn ich mir die Dachsanierung nicht leisten kann? Was habe ich von der schönsten Eigentumswohnung, wenn ich mir die Pflege zu Hause nicht leisten kann?

Wer Immobilieneigentum hat, kann ein „Reverse Mortage" Darlehen beantragen. Was ist damit gemeint? Es gibt inzwischen Anbieter, die speziell für Senioren ein maßgeschneidertes Finanzierungsmodell entwickelt haben. Wenn Immobilieneigentum vorhanden ist!

Hier eine Kurz-Information wie das funktioniert (ein Beispiel eines Anbieters)

1. Max. 50% des Schätzwertes der Immobilie können als Kredit aufgenommen werden.
2. Die Bank besichert den Kredit im Grundbuch.
3. Der Kreditnehmer bezahlt lebenslang entweder:
   a) nur die Kredit-Zinsen (aber keine Tilgung, daher sehr günstige Rate)
   b) mtl. gar nichts zurück.
4. Im Todesfall übernehmen entweder die Erben der Immobilie den Kredit oder im Fall des Verkaufs der Immobilie durch die Erben wird der Kredit getilgt.

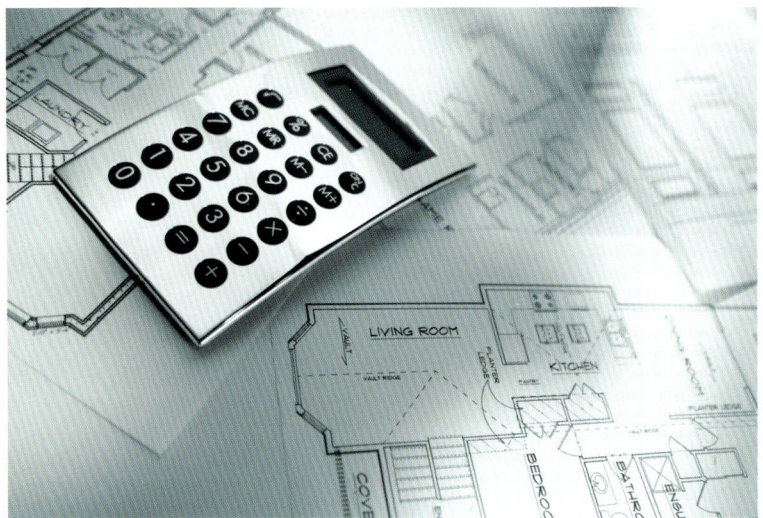

Der große Vorteil:
✔ Wofür Sie den Kredit benötigen ist egal (Haus, Pflege, Unterstützung der Kinder oder Enkel).
✔ Sie können in Ihren eigenen vier Wänden alt werden, und trotzdem alle nötigen Ausgaben (Pflege, Dachsanierung, etc.) bezahlen.

Diese Kurz-Information kann natürlich detailliertere Informationen oder ein persönliches Beratungsgespräch nicht ersetzen. Am Ende dieses Buches finden Sie eine Service-Telefon-Nummer sowie eine Postkarte, mit der Sie nähere Informationen anfordern können.

Wenn kein Immobilieneigentum vorhanden ist, dann bleibt nur das (gut vorbereitete) Gespräch mit der Hausbank. (Auch dabei unterstützen wir Sie bei Bedarf gerne, unsere Kontaktdaten finden Sie am Ende dieses Buches.)

TIPP 7:

„Kosten für Gesundheit & Pflege"

„In der ersten Hälfte unseres Lebens opfern wir die Gesundheit, um Geld zu erwerben, in der zweiten Hälfte opfern wir unser Geld, um die Gesundheit wiederzuerlangen."

(Voltaire)

Je nach Alter, Lebenssituation, Familienstand und Gesundheitszustand variieren auch die Kosten für die Bereiche Gesundheit und Pflege.

Gute Ärzte, Massagen, Kuren, eine Haushaltshilfe oder Pflege – das alles kostet Geld.

In Tipp 4 haben Sie gelesen, welche Versicherungen es gibt, die solche Kosten (zur Gänze oder zum Teil) übernehmen. Generell gilt: Wenn Sie bereits für einen oder mehrere Bereiche (Unfall, Kranken-Zusatz, Pflegekosten) versichert sind, dann seien Sie stolz auf sich, dass Sie bereits in der Vergangenheit diese Entscheidung getroffen haben. Wer erst in der Pension eine solche Versicherung abschließen möchte, wird dies nur mehr zu erschwerten Bedingungen tun können (teurere Einstiegsprämie, möglicher Ausschluss von Vorerkrankungen, etc.). Auf jeden Fall sollten Sie bei Interesse an einer Versicherung die Beratung eines unabhängigen Beraters in Anspruch nehmen. Wie Sie einen verlässlichen und seriösen Berater finden, verrate ich Ihnen in Tipp 12.

Wenn für Sie der Abschluss einer Versicherung nicht in Frage-kommt (aus welchem Grund auch immer), dann empfehle ich Ihnen, sich mit Ihren Fragen oder bei konkretem Beratungsbe-darfan eine Seniorenorganisation Ihres Vertrauens zu wenden (oder fragen Sie Freunde, Bekannte oder Ihre ehemalige Be-rufsvertretung um eine Empfehlung, wo Sie sich beraten lassen können).

TIPP 8:
„Einfach & erfolgreich sparen"

„Die beste Methode, systematisch reich zu werden, ist, erfolgreiche Menschen nachzuahmen, anstatt sie zu beneiden."

(K. Walter)

Strategie Nr. 1: Sparen Sie 10 % Ihres Einkommens

Egal, ob Sie „nur" eine Pension beziehen, sich etwas dazuverdienen, oder noch ein Unternehmen besitzen. Egal, wie viel Sie verdienen. Wenn Sie sehr gut verdienen, können Sie natürlich auch mehr sparen, aber es müssen mindestens 10% sein. Auch wenn Sie es vielleicht noch nicht glauben, Sie werden mit den übrigen 90% genauso leicht/schwer zurechtkommen wie mit den 100%.

Entscheidend ist, dass Sie diese 10% von jedem Einkommen sparen. Dafür richten Sie ein getrenntes Konto ein, damit Sie es nicht „versehentlich" ausgeben. Richten Sie einen Dauerauftrag ein, damit Sie „automatisch" sparen. Dieses „Spar-Konto" greifen Sie niemals an, sondern investieren im Lauf der Zeit in lukrativere Geldanlagen.

Strategie Nr. 2: Sparen Sie 100% vom „Zufallsgeld"

Die Idee ist einfach: Jeden Geldbetrag, den Sie „zufällig" bzw. „unerwartet" bekommen, überweisen Sie sofort (!) auf Ihr Spar-Konto.

Beispiele: Gewinnbeteiligung Ihrer Firma, Flohmarkterlös von Dachbodenfunden, Geldgeschenk bei einer Feier…

Die häufigsten „Zufallsgelder" bekommen Kinder: von Omas, Opas, Onkeln, Tanten und Verwandten. Es werden bei unzähligen Gelegenheiten jeweils ein paar Euro zugesteckt – Beträge, die sich im Lauf der Jahre läppern.

Hier haben Sie die Wahl: ein weiteres Spielzeug oder ein wichtiger Beitrag für die Zukunft Ihres Enkels?

TIPP 9:

„Sich reich fühlen"

„Manche Menschen bleiben arm,
weil sie alles daransetzen, als reich zu gelten."

(unbekannt)

Wie bei allen Dingen im Leben ist auch beim Thema Geld und Reichtum die Psychologie entscheidend. Wer sich „reich" fühlt und danach handelt (Großzügigkeit), wird glücklich und reich sein bzw. es werden.

Was kann man nun tun, um sich reich zu fühlen?

Und um sich mit Geld wohl zu fühlen?

Wenn Sie zu Hause einen Tresor mit Ihrem „Finanziellen Schutz" (Tipp 1) haben, dann sehen Sie sich Ihre Schätze regelmäßig an. Nehmen Sie das Bargeld in die Hand, fühlen Sie das Gewicht der Gold- & Silbermünzen, genießen Sie deren Glanz. Hören Sie das Rascheln der Geldscheine und riechen Sie daran.

Auch wenn es nur ein paar tausend Euro sein mögen – zelebrieren Sie das Öffnen Ihres Tresors jedes Mal.

Der andere Tipp ist, immer Geld bei sich zu haben.

Auch wenn Sie vielleicht bisher immer alles mit Bankomatkarte bezahlt haben, tragen Sie ab sofort immer einen 500-Euro-Schein bei sich.

Reiche Menschen sind es gewohnt, immer viel Geld bei sich zu haben (auch viele Tausende Euro) – und deshalb ziehen sie Geld magisch an.

Millionäre fühlen sich mit Geld wohl und ihr Unterbewusstsein handelt danach.

Wenn Sie diesen Tipp mit Spaß umsetzen, sind Sie auf dem richtigen Weg.

Wenn Sie Sorge haben, das Geld könnte verloren gehen oder gestohlen werden, geben Sie Ihrem Unterbewusstsein eine klare Botschaft, wie Sie sich mit Geld fühlen …

TIPP 10:

„Wie Geld glücklich machen kann"

„Wenn du großen Reichtum dein Eigen nennst,
hilft er dir nicht, dich glücklicher zu fühlen,
solange du nicht fähig bist, ihn für Gutes einzusetzen."

(Chao-Hsiu Chen)

Geld an sich macht nicht glücklich – aber es kann eine unterstützende Kraft im Leben sein.

Es gibt vermögende Menschen, die glücklich – und solche, die unglücklich sind.

Es gibt finanziell arme Menschen, die glücklich – und solche, die unglücklich sind.

Wahrer Reichtum und Glück liegt nicht in der Menge des Geldes, die wir besitzen, sondern darin, wie wir mit diesem Geld umgehen.

Wofür geben wir es aus? Wie investieren wir es? Helfen wir anderen damit?

In diesem Leben haben wir alleine durch unsere Geburt in der ersten Welt mehr Wohlstand und Reichtum als 90% der Menschen dieses Planeten. Damit ist eine große Verantwortung verbunden, die uns aber auch die Chance auf persönliches Wachstum, Glück und innere Freiheit bietet.

Praxis-Tipps:
1. Spenden Sie einen prozentuellen Teil Ihres monatlichen Einkommens (z.B. 10%) für wohltätige Zwecke. Wichtig ist, nicht einen fixen Betrag, sondern einen fixen Prozentsatz den Sie konsequent spenden, auch wenn Sie mehr verdienen oder z.B. einen einmaligen größeren Geldbetrag geschenkt bekommen oder erben.

Dadurch steigt Ihr Spendenvolumen mit Ihrem Einkommen und Sie erweisen sich Ihres steigenden Einkommens als würdig.

2. Wenn Sie Geld ausgeben bzw. einkaufen, achten Sie darauf, dass Sie Produkte kaufen, die umweltfreundlich und ethisch vertretbar sind: z.B.: „Fair Trade" Produkte, Ökostrom, Bio-Lebensmittel aus Ihrer Region,
umwelt- & tierfreundliche (vegane) Produkte, Recycling-Produkte, etc.

3. Beim Investieren in Aktien und Fonds achten Sie darauf, in Unternehmen zu investieren, die ethisch und ökologisch Verantwortung tragen.
Bei der Fondsauswahl achten Sie auf „Ethik-Fonds" und „Ökofonds" und prüfen Sie, ob der Name hält, was er verspricht.

Beim Aktienkauf wählen Sie ertragreiche Unternehmen, die in alternative Energien, Ökostrom und umweltfreundliche Technologien investieren.
Diese Bereiche haben Zukunft, bieten lukrative Erträge und gleichzeitig arbeitet Ihr Geld „ganz nebenbei" dafür, die Welt zu verbessern.

Wenn Sie diese Tipps einige Zeit umsetzen, werden Sie sehen, dass es unheimlich viel Spaß macht, Ihr Vermögen gerade deswegen weiter wächst, weil Sie sich als würdig erweisen und Sie den höchsten Gewinn damit erzielen, den es gibt:
wahres Glück und innere Freiheit!

TIPP 11:

„Mit wie viel Geld sind Sie reich?"

„Du kannst jung sein ohne Geld,
aber du kannst nicht alt sein ohne Geld."

(Tennessee Williams)

Die meisten Menschen denken, dass ein hohes Einkommen Reichtum schafft.
Wer viel verdient scheint reicher zu sein, als jemand, der weniger verdient.

„Reichtum" ist jedoch keine Frage des Einkommens.

Reichtum bedeutet grundsätzlich, dass Ihr laufendes Einkommen so hoch ist, dass Sie Ihr Leben so leben können wie Sie es möchten!

(Wer noch im Erwerbsleben steht, für den gilt: Reichtum bedeutet, dass Sie so viel Vermögen haben, dass Sie von den Zinsen und Erträgen leben können. So lange jemand noch für seinen Lebensunterhalt arbeiten „muss", ist er nicht reich, egal wie hoch sein Einkommen ist.)

Nach Pensionseintritt haben Sie ja ein „fixes Einkommen", das hoffentlich genügt, um Ihr Leben nach Ihren Wünschen und Vorstellungen zu finanzieren.
Wobei wir unseren Politikern auch nicht vertrauen dürfen, dass diese nicht eines Tages in bestehende Pensionen eingreifen. Real (gemessen an der Kaufkraft) hinken die Pensionen bereits ohnehin seit vielen Jahren der Inflation hinterher – in Zahlen steigt daher die Pension von Jahr zu Jahr, aber das Geld wird immer weniger Wert. D.h. die Kaufkraft (und damit der Lebensstandard) sinken trotz steigender Pensionen.

Daher ist es gerade auch in der Pension unerlässlich, seine angesparten Reserven zu erhalten, zu sichern und wenn möglich zu vergrößern. Ein möglichst „leicht verdientes" Zusatzeinkommen (s. Tipp 5) ist dabei sehr dienlich.

Doch mit wie viel Geld sind Sie „reich"?

Teil 1 – Ihre monatlichen Ausgaben

Erstellen Sie vorab einmal Ihren persönlichen Haushaltsplan. Nehmen Sie sich dafür ausreichend Zeit, und seien Sie möglichst genau. Dafür kann es hilfreich sein, 2–3 Monate lang ein genaues Haushaltsbuch zu führen.

mtl. Kosten

WOHNKOSTEN
Miete
Betriebskosten
Gas, Strom, Heizung
Telefon, Handy, Internet

LEBENSAUFWAND
Haushalt
Bekleidung
Freizeit, Sport, Hobby
Rauchen (am besten streichen!)

VERKEHRSMITTEL
Tanken
KFZ-Versicherung (evtl. mit Kasko)
Instandhaltung
Öffentliche Verkehrsmittel

VERSICHERUNGEN
Unfall- bzw. Krankenversicherung
Haushalts- bzw. Eigenheimversicherung
Sonstige

SONSTIGE VERPFLICHTUNGEN
Leasing- oder Kreditrate
Kirchenbeitrag
Sonstige

Monatliche SPARLEISTUNGEN
Wertpapiere, Fonds,
Sparbuch / Bausparvertrag

SUMME (Fixkosten)

Welches **Reservebudget für Betreuung und Pflege** sollten wir da noch einplanen?

Alleine die Möglichkeit zu haben, dass jede Woche jemand im Haushalt hilft (Einkäufe macht, ab und zu kocht, etc.) ist sehr wichtig, unabhängig davon, ob man diese Unterstützung einfach nur genießt oder diese wirklich aus gesundheitlichen Gründen unverzichtbar ist. Welchen Betrag sollten wir da monatlich als „Reserve" einplanen für später? (Siehe „C" auf S. 41)

Welcher **„Luxus"** fehlt da noch? Was würden Sie sich gerne ermöglichen, aber haben es sich einfach noch nicht gegönnt? Zum „Reichtum" gehört auch das Genießen, Sie haben Ihr Leben lang gearbeitet, gespart, vielleicht auch Kinder groß gezogen… (Siehe „D" auf S. 41)

JETZT ist IHRE „Goldene Zeit"!

Es geht nicht darum, dass Sie Ihre Ersparnisse verprassen, sondern es sich einfach wert sind, sich den einen oder anderen Traum zu erfüllen.

Mitgliedschaft im Golfclub? Jeden Monat eine Städtereise? Regelmäßiger Opern- oder Konzertbesuch? …

Überlegen Sie sich auch diesen Punkt sehr gut: Welche Aktivität, die Sie bisher vielleicht als „Luxus" gesehen hätten, wäre die „Krönung" Ihrer Aktivitäten?

Mit welchen monatlichen Kosten (= Investition in Ihre Lebensfreude) wäre das verbunden?

Teil 2 – Ihre monatlichen Einnahmen

Listen Sie hier alle Ihre monatlichen Einnahmen auf:

	Monatlich
Pension	
Mieteinnahmen	
Leibrenten-Bezug	
Zusatzeinkommen (Nebenjob)	
SUMME (Einkommen)	

Teil 3 – Gesamtüberblick

A	Monatliche Einnahmen (Summe von Tabelle aus Teil 2)
B	Monatliche Ausgaben (Summe von Tabelle aus Teil 1)
C	Monatliches Reservebudget für Betreuung und Pflege
D	Monatliches „Luxus" – Budget (Golfclub, etc.)
E	Monatlich notwendiges Gesamt-Budget (Summe B+C+D)

Überschuss oder Fehlbetrag (A minus E)

Welches Ergebnis ergeben Ihre Berechnungen?
Haben Sie mtl. einen monatlichen Überschuss – deckt die Summe Ihrer Einnahmen alle Ausgaben inkl. der „Reserve" und dem „Luxus"? Gratulation! Sie können sich „reich fühlen" und das in vollen Zügen genießen!

Ergibt Ihre Berechnung einen monatlichen Fehlbetrag?
Wenn ja, dann notieren Sie diese Zahl hier nochmals extra:

_____.

Bitte notieren Sie hier Ihr Alter: _____.

In wie vielen Jahren wäre Ihr 100. Geburtstag?

Bitte hier notieren: _____ Jahre

Wie viele Monate sind das? _____ (Jahre x 12)

Erstellen wir nun eine ergänzende Berechnung:

> **Monatlicher Fehlbetrag x Anzahl der Monate**
> **(bis zum 100. Geburtstag)**
> **=**
> **notwendiges Vermögen**

Ein Beispiel:
Sie sind 69 Jahre alt, also sind es 31 Jahre bis zu Ihrem hundertsten Geburtstag.
31 Jahre sind 372 Monate.
Die Berechnung (s. „Teil 3 – Gesamtüberblick") hat z.B. einen Fehlbetrag von 350.– monatlich ergeben.
Höhe des notwendigen Vermögens:
372 Monate x 350 = 130.200 Euro

Das bedeutet konkret:
„Reich" (nach der Definition dieses Kapitels) sind Sie, wenn Sie das auf diese Weise berechnete „notwendige Vermögen" besitzen – und zwar als verfügbares Kapital.
Dann könnten Sie Ihren gewünschten Lebensstil (inkl. Sicherheitsreserve und wohlverdientem „Luxus") genießen bis Sie 100 Jahre alt sind.

(Natürlich können Sie die Berechnung auch leicht adaptieren, wenn Sie z.B. familiär bedingt mit einer höheren Lebenserwartung rechnen.)

Wie kommen Sie nun zu Ihrem „notwendigen Vermögen"?
Dazu gibt es mehrere Möglichkeiten:

1. Sie besitzen vielleicht schon genügend Geld. (Achtung: das Geld vom „Finanziellen Schutz" aus Tipp 1 dürfen Sie dafür nicht verwenden.)
2. Sie besitzen eine Immobilie oder sonstige Wertgegenstände, die Sie verkaufen können (und möchten).
3. Wenn Sie eine Immobilie besitzen, die Sie nicht verkaufen möchten – s. Tipp 6!
4. Der „Fehlbetrag" nicht zu groß, um ihn auf absehbare Zeit anzusparen.

Mir ist klar, dass es nicht in jedem Fall möglich sein wird, das „notwendige Vermögen" zu erreichen. Die Erfahrung zeigt, dass es in der Praxis in wesentlich mehr Fällen machbar ist, als die meisten zuerst geglaubt haben.

Bei Bedarf können Sie die Berechnung auch mehrmals „anpassen" (z.B. nur alle 2 Monate eine Städtereise, o.ä.), um eine Kalkulation zu finden, die zu einem „umsetzbaren" Ergebnis führt.

Dieses Kapitel soll Ihnen einfach eine praktische Berechnungsmethode aufzeigen und einen aktiven Zugang zum Umgang mit Ihren Finanzen – mit dem Ziel, dass Sie Ihr Leben so leben und gestalten können, wie SIE es möchten.

TIPP 12:
„Welche Geldanlagen sind „optimal"?"

„Es gibt tausend Möglichkeiten, sein Geld auszugeben,
aber nur zwei, es zu erwerben:
Entweder wir arbeiten für Geld – oder das Geld arbeitet für uns."

(Bernhard Baruch)

Eine perfekte Geldanlage gibt es nicht!
Aber mit der richtiges Strategie finden Sie welche, die diesem Anspruch möglichst nahe kommt.

Vorab müssen Sie für sich definieren, welche Merkmale eine Geldanlage haben sollte. Je nach persönlichen Werten & welcher Persönlichkeitstyp Sie sind, sind diese Merkmale sicher unterschiedlich gewichtet.

Welche Anforderungen haben Sie an eine Geldanlage?
1. Sicherheit (Kapitalerhalt am Ende der geplanten Laufzeit hat Vorrang)
2. Gute Erträge (wie viel % erwarten Sie sich?)
3. Laufzeit (wie lange kann Ihr Geld arbeiten?)
4. Bindung (kann es während der Laufzeit „gesperrt" sein?)
5. Transparenz (leicht verständlich und der Kontostand jederzeit einsehbar)
6. Steuerlich optimiert (wenn möglich)

Je nachdem, wie Sie Ihre Anforderungen gewichten, werden unterschiedliche Geldanlagen für Sie „optimal" erscheinen.

Beachten Sie bitte:
a) Dass es für jede „Anlageklasse" viele Produktanbieter gibt.
b) Zwischen unterschiedlichen Produkten – die scheinbar „gleich" sind – große Unterschiede (im Kleingedruckten) existieren können (z.B. „Garantien").

c) Jede Bank bzw. jeder Produktanbieter Ihnen meist die Produkte anbietet,
 mit denen sie bzw. er am besten verdient.

Wenn Sie in den letzten Jahren negative Medienberichte über
„unabhängige Finanzdienstleister" gelesen oder gehört haben,
bedenken Sie, dass hier wenige „schwarze Schafe" den Ruf von
tausenden seriösen und kompetenten Beratern schädigen. Sie
werden einen GUTEN und UNABHÄNGIGEN Finanzberater brauchen, um die für Sie optimale und maßgeschneiderte
Strategie zu entwickeln und darauf aufbauend die richtigen Fi-
nanzprodukte auszuwählen, die IHNEN dienen und nicht dem
Produktanbieter.

Einen guten & unabhängigen Finanzberater suchen

Alle reichen & erfolgreichen Menschen hatten möglichst früh auch sehr gute Berater, die sie in Gelddingen beraten und unterstützen.

Ein guter Berater sollte folgende Voraussetzungen erfüllen:

a) **„Unabhängig"**: Er/Sie arbeitet für keine Fondsgesellschaft, Bank oder Versicherung, sondern kann aus allen Angeboten, die es gibt, die besten herausholen.

b) **„Vermögensberater"**: Er/Sie ist auch geprüfter Vermögensberater.

c) **„Ganzheitliche Beratung"**: Er/Sie berät in allen Bereichen rund ums Geld: Sparen, Kredit, Versicherungen, etc.

d) **„Mehrjährige Erfahrung"**: Er/Sie muss schon mehrere Jahre als Berater erfolgreich sein.

e) **„Referenzen"**: Damit ist gemeint, dass er/sie schriftliches Feedback von möglichst vielen bereits beratenen Kunden vorlegen kann, um damit die Zufriedenheit der Kunden zu belegen.

Fragen Sie gute Freunde oder Bekannte, ob Sie einen unabhängigen Finanzberater haben, mit dem sie selbst seit vielen Jahren (!) zufrieden sind.

TIPP 13:

„Ihr Kontenplan"

„Ein Mann ohne Geld ist wie ein Bogen ohne Pfeil."

(Alphonse Allais)

Tipp: Damit Sie diesen Kontenplan in Zukunft zumindest einmal im Jahr aktualisieren können, machen Sie sich einfach ein paar Kopien von dieser Seite, bevor Sie mit dem Ausfüllen beginnen.

Eröffnen Sie wirklich mehrere Konten, damit Sie einen einfachen Überblick haben und auch konsequent mit Ihrem Geld umgehen. Sprechen Sie mit Ihrem Finanzberater, wie Sie kostengünstig mehrere Konten eröffnen können.

Wenn Sie selbständige Einkünfte haben sind, beginnt Ihr Finanzplan hier

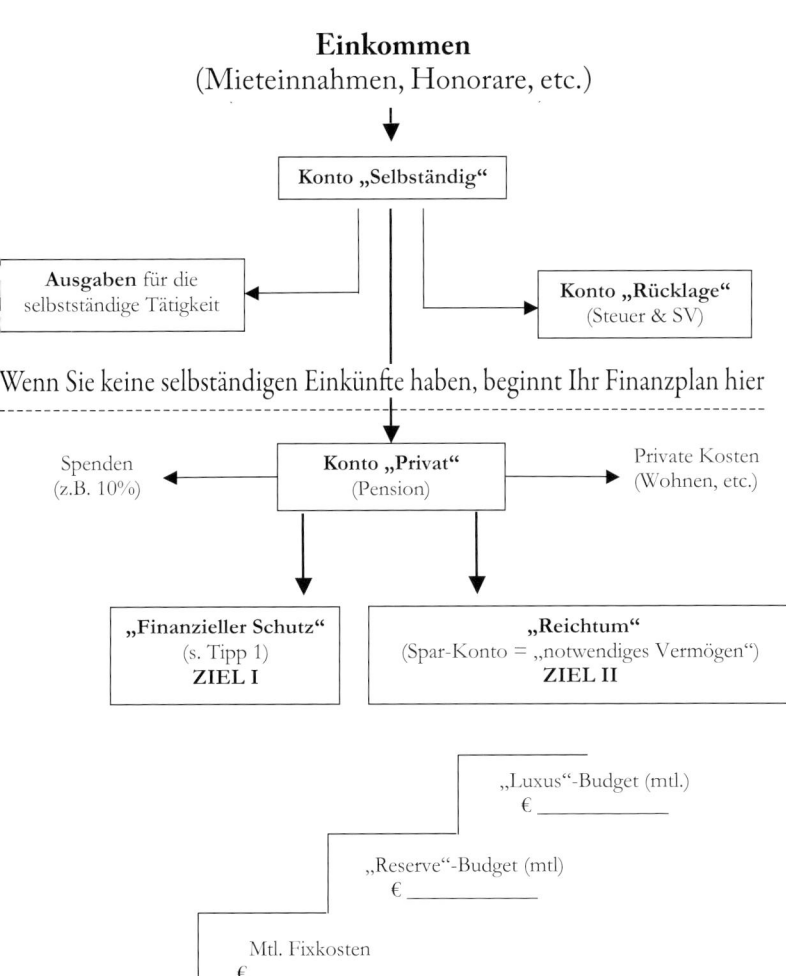

Einkommen
(Mieteinnahmen, Honorare, etc.)

Konto „Selbständig"

Ausgaben für die
selbstständige Tätigkeit

Konto „Rücklage"
(Steuer & SV)

Wenn Sie keine selbständigen Einkünfte haben, beginnt Ihr Finanzplan hier

Spenden
(z.B. 10%)

Konto „Privat"
(Pension)

Private Kosten
(Wohnen, etc.)

„Finanzieller Schutz"
(s. Tipp 1)
ZIEL I

„Reichtum"
(Spar-Konto = „notwendiges Vermögen")
ZIEL II

„Luxus"-Budget (mtl.)
€ _____

„Reserve"-Budget (mtl)
€ _____

Mtl. Fixkosten
€ _____

(diese Werte übertragen Sie aus Tipp 11 in diese Grafik)

Was bedeutet dieser Plan konkret, bzw. welche Buchungen erfolgen zwischen diesen Konten?

1. Wenn Sie „selbständige" Einnahmen haben, fließen diese auf das Konto „Selbständig".
2. Sie bezahlen von diesem Konto alle Kosten, die mit Ihren selbständigen Einkünften verbunden sind (z.B. Reparatur-Kosten einer vermieteten Wohnung).
3. Sie überweisen die nötige Rücklage für Finanzamt und Sozialversicherung auf das Konto „Rücklage". (am besten nach Rücksprache mit Ihrem Steuerberater)
4. Sie überweisen den Überschuss (quartalsweise od. halbjähr-lich) auf Ihr Konto „Privat." (Wichtig: Sollten Sie Immobi-lien vermieten, bilden Sie „Rücklagen" für Reparaturen und Instandhaltung!)
5. Von allen „Einnahmen" die auf das Privat-Konto fließen, überweisen Sie 10% (oder mehr, wenn möglich) auf Ihr „Reichtum"-Konto (sobald der „Finanzielle Schutz" aus Tipp 1 erreicht ist).
6. Spenden Sie 10% für einen guten Zweck.

Was machen Sie mit dem „wachsenden" Konto des „Reich-tums"?
Nähere Informationen und Tipps dazu erhalten Sie in guten Fachbüchern. Ihre persönliche und individuelle Finanzstrategie erstellen Sie mit Ihrem unabhängigen Finanzberater.

Wie geht es weiter?

„Auch die längste Reise beginnt mit dem ersten Schritt."

(alte chinesische Weisheit)

Vom Lesen wird man nicht vermögend – sondern vom Umsetzen.

Daher folgen hier drei entscheidende Tipps, damit Sie „dran bleiben" und Ihre Lebensvision Realität werden lassen.

1. Arbeiten Sie mit diesem Büchlein

Haben Sie es ständig griffbereit bzw. in Sichtweite (z.B. auf Ihrem Schreibtisch)

Blättern bzw. lesen Sie am besten TÄGLICH darin, damit Sie die Inhalte Schritt für Schritt nachhaltig verinnerlichen und so auch die Umsetzung leichter fällt.

2. Lesen Sie gute Finanzbücher und besuchen Sie Seminare zum Thema

Vertiefen Sie Ihr Finanzwissen! Auch wenn Sie den für Sie perfekten Finanzberater haben – vertiefen Sie Ihr Finanzwissen! Dann fällt Ihnen nicht nur die Zusammenarbeit mit Ihrem Berater leichter, sondern vor allem Ihr Wissen und Ihr Umgang mit Ihren Finanzen wird ganzheitlich erfolgreicher.

3. Teilen Sie Ihren „Vorsprung" mit den Menschen, die Ihnen wichtig sind

Wenn Sie die Geld-Tipps dieses Buches wirklich verinnerlicht haben und dabei sind ‚diese auch konkret und ergebnisorientiert in die Praxis umzusetzen, sind Sie mit Ihrem „Geld-Wissen" weiter als 90% der Bevölkerung.

Geben Sie Ihrer Familie, Ihren Freunden und Bekannten die Chance, ihre Finanzen zu optimieren, und damit die Basis für persönlichen Wohlstand und finanzielle Unabhängigkeit zu legen – dieses Buch ist ein perfektes Geschenk zu jedem Anlass! (Schleichwerbung Ende!)

> *„Wer Freude genießen will, muss sie teilen.*
> *Das Glück wurde als Zwilling geboren. "*
>
> (Lord Byron)

Buchtipps

„Die Tipps der Millionäre"
(Markus Leyacker)

„Das 1x1 des Geldes – Reichtum kannst Du lernen"
(Kinderbuch; Markus Leyacker)

„Der Weg zur Finanziellen Freiheit"
(Bodo Schäfer)

„Der Diamantschneider – Die Weisheit des Diamanten"
(Geshe M. Roach)

„Inspirieren statt motivieren"
(Lance H. K. Secretan)

„Rich Dad, Poor Dad"
(Robert T. Kiyosaki)

„So denken Millionäre"
(T. Harv Eker)

„Alles, was du tun kannst für dein Glück"
(Thich Nhat Hanh)

„Das Harvard-Konzept"
(Roger Fisher)

Persönliches Finanz-Coaching

Sie möchten gerne Ihre Finanzen optimieren bzw. nachhaltig Vermögen aufbauen?
Sie hätten gerne jemanden, der Ihnen als unabhängiger Berater in Finanz- & Geldfragen zur Seite steht?

Dann sind Sie bei uns richtig. Denn es geht um Ihr Geld und Ihre Zukunft – für Sie und Ihre Familie.
Strategischer Vermögensaufbau verbindet beide Seiten – finanziellen sowie inneren Reichtum.
Unsere Mission ist es, Sie auf Ihrem Weg zur finanziellen Freiheit zu unterstützen.
Es geht dabei nicht darum, eine Million zu haben. Vielmehr geht es darum, Millionär zu sein.
Um wirklich „reich zu sein" (bzw. zu werden) ist die unverzichtbare Basis, „reich zu denken" und „reich zu fühlen".

MARKUS LEYACKER-SCHATZL

Ihr Experte für strategischen Vermögensaufbau

Finanzcoach & Vermögensberater • Buchautor & Speaker • 1. Geldlehrer Österreichs

Andritzer Reichsstraße 47
8045 Graz
Tel: +43/699/18 00 00 81
E-Mail: office@finanz-strategie.at
Internet: www.finanz-strategie.at

Ihre Vorteile:

- Persönliche Beratung bei Ihrer strategischen Finanzplanung

- Unabhängige Überprüfung des Preis-/ Leistungs-Verhältnisses Ihrer Finanz-verträge durch den Vergleich mit über 100 Produktanbietern

- Optimale Finanzierung für Ihre/n Immobilienkauf/Sanierung etc.

- Profitable Konzepte zu Geldanlage und Vermögensaufbau

- Schutz gegen unzureichende, falsche oder zu teure Versicherungen

- Konzepte zur Absicherung Ihrer Angehörigen, falls Ihnen etwas passiert

Geldunterricht an Schulen

»Reichtum kannst du lernen« – unter diesem Motto startete 2010 der **1. Geldunterricht Österreichs.**

Finanzberater & Buchautor Markus Leyacker-Schatzl entwickelte ein Lehrprogramm für Kinder & Jugendliche, in dem spielerisch und mit Spaß alles Wichtige rund ums Thema Geld vermittelt wird.

Neben vielen interessanten Infos zur »Geschichte des Geldes« stehen spannende Geld-Tipps für die Kinder im Vordergrund:
- Wie gehe ich verantwortungsvoll mit meinem Taschengeld um?
- Warum ist es wichtig zu sparen?
- Wie funktionieren Banken, Sparbuch und Sparen?
- Was sind die wichtigsten Spartipps?
- Was sind die Geld-Tipps der Millionäre, die aus eigener Kraft reich geworden sind?

Nähere Informationen sowie Fotos & Videos zum Geldunterricht finden Sie auf **www.geldschule.at**

Ebenso die Möglichkeit, Markus Leyacker-Schatzl als Geldlehrer für eine Schule zu buchen.

Das Buch zum Geldunterricht

Die Tipps der Millionäre
Ihre persönliche Strategie zur finanziellen Freiheit

Markus Leyacker-Schatzl
Als Buch oder Hörbuch (Doppel-CD-Set) erhältlich
je Euro 19,90 oder im Set nur Euro 29,90
Lebensgeschenke-Verlag

Dieses Buch richtet sich an alle Leser, die ihre Finanzen optimieren und
finanzielle Unabhängigkeit erreichen möchten.
Markus Leyacker-Schatzl, Finanzberater und Buchautor, entwickelt
gemeinsam mit Ihnen Ihre persönliche Strategie zur finanziellen Freiheit.
Er präsentiert Ihnen in diesem Buch die wichtigsten 13 Tipps
der Millionäre, die Essenz der Strategien der Reichen, und zeigt Ihnen,
wie einfach Sie diese in Ihrem Leben umsetzen können.
Egal, wo Sie finanziell gerade stehen.
Egal ob Student, Berufstätiger oder Familie – anhand konkreter Beispiele
und leicht umsetzbarer Praxistipps entwickelt der Autor mit Ihnen einen
persönlichen Fahrplan zur finanziellen Unabhängigkeit – kompakt und
leicht nachvollziehbar und begleitet von vielen konkreten Praxistipps zur
persönlichen Umsetzung.

Infos und Bestellmöglichkeit: www.MrMoney.at